27 Novembre 1899

VENTE

Après le décès de Madame la Baronne D...

A la requête de M. LAVAREILLE, administrateur judiciaire

MOBILIER ARTISTIQUE

Style XVIIIe siècle

DIAMANTS, PERLES, BIJOUX, ARGENTERIE

Sculptures en Marbre

BEAUX BRONZES, MEUBLES, SIÈGES

Meubles Chinois et Japonais

TAPISSERIES, TENTURES, TABLEAUX, AQUARELLES

EXPOSITION PUBLIQUE

HOTEL DROUOT — SALLE N° 1

Le Dimanche 26 Novembre 1899

DE 1 HEURE 1/2 A 5 HEURES 1/2

COMMISSAIRES-PRISEURS

Mᵉ Jules BONNIN	Mᵉ THOUROUDE
Rue Taitbout, 62	Rue Le Peletier, 32

EXPERTS

M Albert LINZELER	M. B. LASQUIN
Rue de la Victoire, 56	Rue Laffitte, 12

PARIS — 1899

IMPRIMERIE MAULDE ET RENOU

MAULDE, DOUMENC & Cie

IMPRIMEURS DE LA COMPAGNIE DES COMMISSAIRES-PRISEURS

Rue de Rivoli, 144

CATALOGUE

D'UN

MOBILIER ARTISTIQUE

Du Style du XVIIIe siècle

DIAMANTS, PERLES, BIJOUX, ARGENTERIE

Objets de vitrine. Miniatures, Ivoires
Bronzes, Émaux de la Chine et du Japon, Porcelaines
Faïences, Objets d'étagère

SCULPTURES EN MARBRE, BRONZES D'ART

Par Auguste Moreau, Blanchot, Barsanti, Marioton

BEAUX BRONZES, MEUBLES & SIÈGES

STYLES LOUIS XV ET LOUIS XVI

PIANO à queue d'ÉRARD

Meubles chinois et japonais, Tapisseries anciennes, Tentures chinoises

TABLEAUX ET AQUARELLES

Meubles divers, Rideaux, Tapis, Literie, Cuisine, Garde-Robe de Dame, Vins

LE TOUT DÉPENDANT DE LA

Succession de Madame la Baronne D...

DONT LA VENTE AURA LIEU

Après son décès

A la requête de M. LAVAREILLE, administrateur judiciaire

HOTEL DROUOT — SALLE N° 1

Les Lundi 27, Mardi 28, Mercredi 29, Jeudi 30 Novembre et Vendredi 1er Décembre 1899

A DEUX HEURES

COMMISSAIRES-PRISEURS

Me Jules BONNIN	Me THOUROUDE
Rue Taitbout, 62	Rue Le Peletier, 32

EXPERTS

Pour les Bijoux	Pour les Objets d'Art
M. Albert LINZELER	M. B. LASQUIN
Rue de la Victoire, 56	Rue Laffitte, 12

CHEZ LESQUELS SE TROUVE LE CATALOGUE

EXPOSITION PUBLIQUE

Le Dimanche 26 Novembre 1899, de 1 heure 1/2 à 5 heures 1/2

CONDITIONS DE LA VENTE

Elle se fera au comptant.

Les Acquéreurs paieront CINQ POUR CENT en sus des
·adjudications.

L'Exposition permettant au public de se rendre compte
de l'état des objets mis en vente, aucune réclamation ne
sera admise après l'adjudication.

MAULDE, DOUMENC et Cⁱᵉ, imprimeurs de la Cⁱᵉ des Commissaires-Priseurs,
rue de Rivoli, 144.   1000—84859

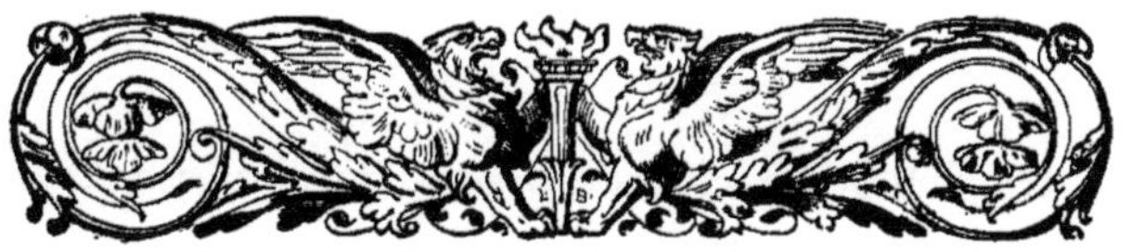

DÉSIGNATION

—

BIJOUX ET ARGENTERIE

1 — Collier juste au cou, dix rangs de perles, cinq barrettes en brillants composé de 971 perles.

2 — Chaîne sautoir, monture or et platine, composée de 97 brillants et de 96 saphirs.

3 — Broche joaillerie formant diadème, ornée de brillants et roses.

4 — Broche joaillerie, cercle et nœud, ornée de brillants et de roses.

5 — Broche violettes de Parme, ornée de brillants et roses.

6 — Broche chimère; or ciselé, ornée d'un gros brillant.

7 — Bracelet chaîne or, composé de 5 perles et de 4 brillants.

8 — Bracelet chaîne or, composé de 9 perles et 18 brillants.

9 — Bracelet chaîne or, orné de 7 saphirs cabochons avec roses.

10 — Bracelet chaîne or, orné de pierres de couleur, brillants et roses.

11 — Bracelet tout or, genre étrusque.

12 — Bague, émeraude entourée de brillants, monture or et platine.

13 — Bague jumelle, 1 saphir, 1 brillant, monture or et platine.

14 — Bague jumelle, 2 brillants, monture or et platine.

15 — Bague jumelle, 1 brillant, 1 grenat, monture or et platine.

16 — Bague or ciselé, ornée d'un rubis Siam, brillants et roses.

17 — Bague jonc, or mat, ornée d'un rubis et de 2 brillants.

18 — Bague jonc or, grenat et brillants.

19 — Bague chevalière or mat.

20 — Six Bagues or, alliances et diverses.

21 — Collier juste au cou, boules onyx, douze rangs, avec barrettes rubis, monture or.

22 — Collier juste au cou, perles fausses, douze rangs, barrettes en strass, monture or.

23 — Chaîne sautoir tout or.

24 — Broche mouche, œil-de-chat et roses, monture or.

25 — Broche demi-perles et roses, monture or.

26 — Montre de dame or remontoir, ornée de roses et pierres de couleur.

27 — Chaîne de médaille or, forçat.

28 — Deux Épingles nourrice or et roses.

29 — Deux Montres de dame remontoir, acier noir.

30 — Montre de bicycliste, or et argent.

31 — Montre de voyage en écrin.

32 — Garniture de toilette Louis XV, en argent.

33 — Miroir à main Louis XV, en argent, glace biseautée.

34 — Beau et important Nécessaire de voyage en vermeil gravé et cristal, de Keller.

35 — Nécessaire de toilette cristal et argent gravé.

36 — Bouillotte et Lampe de voyage, argent ciselé.

37 — Lot Bijoux divers, or et argent.

38 — Lot Bijoux acier noir.

39 — Lot Bijoux faux.

40 — Divers Bijoux non catalogués.

TABLEAUX & AQUARELLES

41 — **Bauer** (D'après). Paysage de Bavière.

42 — **Boulard.** Chrysanthèmes dans une cruche de grès.

43 — **Corot.** Paysage ; soleil couchant.

44 — **Cortazzo.** Un Reître.

45 — **Couder** (E.-G.). Les Apprêts du Bouquet. Pivoines.

46 — **Courant** (Maurice). Marine ; barques de pêche.

47 — **Duffot** (A.). Côtes de la Méditerranée.

48 — **Eraud** (Marius). Chasseur sur une route.

49 — **Eraud** (Marius). Paysage à Latraine, près Bordeaux.

50 — **Eraud** (Marius). Deux marines ; pendants.

51 — **Eraud** (Marius). Bestiaux au pâturage.

52 — **Eraud** (Marius). Le Port de Marseille; deux pendants.

53 — **Eraud** (Marius). Paysage avec rivière.

54 — **Eraud** (Marius). Deux Paysages ; bords de rivière.

55 — **Eraud** (Marius). Amazone.

56 — **Galuan** (A.). Jeune Femme dans les Fleurs. Aquarelle.

57 — **Gérard**. Bestiaux au pâturage.

58 — **Gérard**. Paysage d'Hiver.

59 — **Gillard** (A.). Deux Paysages : l'Étang et la Ferme.

60 — **Gittard.** Le Château ; soleil couchant.

61 — **Gomba.** Têtes de jeunes Filles; deux aquarelles.

62 — **Gomez** (P.). Jeune Femme près d'un étang ; pastel.

63 — **Gomez** (P.). La jeune Fileuse.

64 — **Jadin** (E.). Portrait d'un Chien (Niska).

65 — **Jourdain** (Roger). Jeune Femme sur l'herbe.

66 — **Bruck-Lajos.** La Lecture de la lettre.

67 — **Lapoque.** Paysage ; entrée de Forêt.

68 — **Lapoque.** Environs de Sallanches (Haute-Savoie).

69 — **Lavault** (Furcy de). Bouquet de Fleurs dans un vase et Cerises.

70 — **Lazerges** (Paul) (1885). Femmes égyptiennes à la fontaine.

71 — **Minet.** Corbeille de Chrysanthèmes.

72 — **Mosler** (Henry). Jeunes Italiens dans un parc.

73 — **Rossi** (L.). Après le Bal.

74 — **Sala.** Le Grand-Canal, à Venise ; deux pendants.

75 — **Salanson.** Pêcheuse.

76 — **Toudouze** (S.). Paysage avec rivière.

77 — **X...** Amazone dans un parc.

78 — **École italienne.** Vierge et Jésus.

79 — **Ecole italienne.** L'Adoration des Mages, d'après Fra Angelico.

80 — **École moderne**. Hallebardiers ; deux pendants.

81 — Divers Tableaux et Aquarelles.

OBJETS DE VITRINE

82 — Quatre Miniatures : Portraits de Femmes en costumes Louis XVI et Empire. *(Sera divisé.)*

83 — Miniature rectangulaire, d'après WOUVERMAN : *Le Départ pour la Chasse.*

84 — Sept Miniatures rondes : Personnages de l'Empire et de la Révolution. *(Sera divisé).*

85 — Trois petites Miniatures : Médaillons, Portraits et un Email ovale : *Baigneuses.*

86 — Trois grandes Miniatures rectangulaires : Sujets et Portraits, genre XVIIIe siècle. *(Sera divisé.)*

87 — Six Miniatures ovales : Portraits et Sujet, genre XVIIIe siècle. *(Sera divisé.)*

88 — Une petite Bonbonnière dorée et une Cassolette en argent.

89 — Brûle-Parfums japonais en argent ajouré.

90 — Petit Navire en argent, sur socle en marbre.

91 — Deux Boîtes rondes en ivoire, avec miniatures.

92 — Un Boîtier de montre Louis XIII, en cuivre doré.

93 — Petit Porte-Bouquet formé de trois vases en argent surmontés d'une figurine.

94 — Petite Guitare en argent.

95 — Petit Paravent à trois feuilles à sujets mythologiques, monture en argent.

96 — Parure de trois pièces : Médaillon et Boucles d'oreilles en émail et argent doré, genre Louis XVI.

97 — Deux petits Flacons à parfums, l'un émaillé et l'autre aventuriné.

98 — Boîte à bijoux en maroquinerie.

99 — Quatre Pièces : Figurines en porcelaines de Chine et du Japon.

100 — Sept Pièces : Groupes et Figurines en porcelaines moderne de Saxe et autres. *(Sera divisé.)*

101 — Onze pièces : Vases, Coupes et Tasses en porcelaines de Saxe et autres. *(Sera divisé.)*

102 — Trois Éventails dont un Louis XVI.

103 — Deux Groupes en biscuit : Musiciens.

104 — Crucifix en ivoire, cadre en bois doré.

OBJETS D'ORIENT, IVOIRES,
BRONZES, ÉMAUX

105 — Grand Groupe en ivoire, Femme debout tenant un bouquet et un Enfant auprès d'elle, travail japonais.

106 — Petite Charrette en ivoire avec quatre figures japonaises.

107 — Trois petits Groupes en ivoire japonais : Chariot traîné par deux bœufs et sujets de figures.

108 — Petit Groupe de trois figures : Philosophe et deux Enfants.

109 — Autre Groupe de trois figures : Capucin et deux Enfants.

110 — Groupe de trois Singes sur un rocher en corne.

111 — Petit Groupe de Personnages et deux Enfants, assis, et une figurine de Lettré, debout, ivoire japonais.

112 — Deux Pitongs en ivoire japonais, sculptés, à sujets de figures en bas-relief.

113 — Environ quarante pièces Netzukés japonais en ivoire, boutons, flacons, etc. *(Sera divisé.)*

114 — Figure d'Homme debout tenant un parasol et une lanterne en bois et ivoire de travail japonais, socle laqué.

115 — Deux figurines d'Enfants, de même travail.

116 — Deux pièces en pierre de lard de travail chinois : Philosophe debout et cerf dans des branchages.

117 — Deux figurines de Personnages debouts, en pierre de lard, l'une teintée.

118 — Deux Boîtes en laque du Japon, l'une forme oblongue, l'autre forme feuille.

119 — Figure de Lettré assis sur une carpe.

120 — Divinité boudhique assise sur un rocher.

121 — Vase quadrangulaire à deux anses et à couvercle en bronze japonais, ciselé, gravé et doré, avec socle et contre-socle.

122 — Un Brasero sur trépied et deux Statuettes de divinités en bronze du Japon.

123 — Un Vase ovoïde à oiseaux en relief en bronze japonais.

124 — Deux Vases et diverses Coupes en métal et bronze de l'Inde.

125 — Torchère formée d'une Statuette boudhique, debout, en bronze, supportant six lumières, branchages à fleurs. *(Eclairage électrique.)*

126 — Deux Lampes style japonais, branches de fleurs en bronze peint et figurines en bronze patiné.

127 — Vase balustre en métal laqué en partie avec fleurs en relief.

128 — Chimère assise, en bronze du Japon.

129 — Deux Candélabres à cinq lumières, tiges de fleurs supportées par une tortue en bronze.

130 — Divers petits Bronzes chinois et japonais; flambeaux, figurines, divinités et braseros. *(Sera divisé.)*

131 — Divinité hindoue en métal doré garnie de pierres.

132 — Deux Pièces en bois doré : une Divinité boudhique, debout, et petit Autel avec deux autres divinités.

133 — Divinité assise sur une fleur de lotus, avec base
en bois doré.

134 — Deux très grands Vases balustres, en cuivre
émaillé du Japon, à fleurs et oiseaux, sur fond noir
et aventuriné.

135 — Vasque en porcelaine de Chine, fond rose,
à ustensiles en relief.

136 — Deux Bouteilles en émail cloisonné de Chine,
fond turquoise.

137 — Deux petits Vases sphériques en émail cloisonné
du Japon.

138 — Deux Vases balustres en cuivre émaillé rose, à
décor de fleurs, de travail japonais.

139 — Un Vase bouteill. en émail cloisonné du Japon,
à fleurs et bambous sur fond noir.

140 — Divers Objets d'étagère de la Chine et du
Japon, vases et coupes en porcelaine, poterie de
Satzuma et émail cloisonné. *(Sera divisé.)*

141 — Deux Vases balustres en poterie de Satzuma.

142 — Un Groupe et quatre figurines en grès de Chine.

PORCELAINES ET FAIENCES
DIVERSES

143 — Très grand groupe en biscuit représentant une
Fête champêtre de douze personnages, socle ovale
rocaille.

144 — Deux grandes statuettes de Jardinier et Jardinière en porcelaine genre Saxe.

145 — Un groupe et deux statuettes en biscuit, figures pastorales.

146 — Douze statuettes et figurines diverses en porcelaine décorée.

147 — Deux groupes de figures villageoises en porcelaine de Saxe moderne.

148 — Corbeilles, girandoles, groupes et pièces diverses en porcelaine décorée. *(Sera divisé.)*

149 — Diverses Jardinières en faïence artistique avec supports. *(Sera divisé.)*

150 — Divers Vases en verrerie artistique *(Sera divisé.)*

151 — Dix Plats et Assiettes en faïence italienne, poterie de Satzuma et de Kiotto, et émail cloisonné. *(Sera divisé.)*

SCULPTURES ET BRONZES D'ART

152 — Nymphe lutinée par deux Amours. Marbre blanc par Aug. MOREAU.

153 — Statuette de Jeune Baigneuse tenant une coquille. Marbre blanc.

154 — Statuette de Baigneuse. Marbre blanc, par BLANCHOT. Socle en onyx.

155 — Buste de Diane. Marbre blanc, d'après HOUDON.

156 — Jeune Fille à la chèvre. Marbre blanc, par BARZANTI, de Florence.

157 — Statuette en bronze : La Pensée, bronze de
BAGUÉ, d'après H. PTÉ.

158 — Deux Statuettes : Clytie et Phœbé, de MARIOTON,
en bronze.

159 — Fût de colonne en marbre vert orné de guirlandes
en bronze doré.

160 — Deux Fûts supports, l'un en marbre vert, l'autre
en marbre rose.

BRONZES D'AMEUBLEMENT

161 — Deux grands Vases ovoïdes, gorge et piédouche,
en marbre vert, richement garnis de bronzes dorés.
Anses serpents reliées par des guirlandes de fleurs et
raisins, culots à feuillages et rinceaux.

162 — Deux beaux candélabres, style Louis XVI, en
bronze doré, formés chacun d'un vase sur trépied à
cariatides d'enfants supportant un bouquet de
rinceaux à sept lumières. Socles triangulaires en
marbre vert ornés de rinceaux.

163 — Lampe de salon supportée par un Amour en
bronze patiné, sur pied en bronze doré.

164 — Petite pendule, style Louis XVI : Enfant assis,
en bronze patiné, tenant un tambourin contenant le
cadran, socle en bronze ciselé et doré (de la Maison
BEURDELEY).

165 — Deux petits candélabres à deux lumières suppor-
tés par des Enfants assis, d'après CLODION.

166 — Jardinière ronde en porphyre gris, supportée par quatre pieds reliés par des draperies, entourée d'un bas-relief, Jeux d'Enfants, et munie de deux anses, Têtes de Lions, en bronze ciselé et doré.

167 — Deux petits candélabres, style Louis XVI, en bronze, figures de Nymphes supportant trois lumières, socles en marbres.

168 — Miroir de table en bronze argenté à cadre rocaille et figure de la Vérité debout.

169 — Flambeau de bouillotte à trois lumières, formé d'un groupe de trois enfants supportant des cors de chasse, en bronze patiné et doré, socle en marbre.

170 — Deux petits vases ovoïdes en marbre Campan, ornés de deux anses, de guirlandes et d'un culot en bronze doré, style Louis XVI.

171 — Deux appliques, style Louis XV, à deux lumières en bronze doré.

172 — Deux petits vases, style Louis XVI, en marbre vert, à trépieds, guirlandes et mascarons en bronze doré.

173 — Lampe de salon, style Louis XVI, en marbre et bronze, à trépied à Têtes de Boucs.

174 — Deux petites girandoles à trois lumières, style Louis XVI, en marbre blanc et bronze doré, surmontées de figures d'enfants, socles à consoles.

175 — Porte-bouquet en cristal, monté sur un petit vase en porphyre gris orné d'une figurine en bronze doré.

176 — Deux petites cassolettes. Trépieds style Louis XVI.
en bronze doré et agate blonde.

177 — Jardinière, style Louis XVI, forme ronde montée
sur un trépied à Têtes de Béliers, en bronze ciselé
et doré.

178 — Petit lustre à douze lumières, style Louis XVI,
en bronze doré, à branches de rinceaux. (*Disposé
pour l'éclairage électrique.*)

179 — Grand lustre de style Louis XVI, à trente
lumières, formé de branches de rinceaux en bronze
doré. (*Disposé pour l'éclairage électrique.*)

180 — Petite fontaine en émail cloisonné du Japon,
entourée de quatre figures japonaises en ivoire, le
tout monté en bronze sur terrasse rocaille.

181 — Grande lampe de salon en métal, forme d'un
arbuste avec oiseau. (*Eclairage électrique.*)

182 — Suspension de salle à manger, genre Renaissance,
en bronze nickelé. (*Disposée pour l'éclairage électrique.*)

183 — Petit lustre d'antichambre à six lumières en
cuivre.

184 — Lanterne d'antichambre en fer, style Louis XIII.
(*Eclairage électrique.*)

185 — Deux girandoles à quatre lumières, genre
Louis XV, en bronze argenté.

186 — Plateau de surtout de table à fond de glace, forme
contournée.

187 — Coupes à fruits, Broc à bière, Légumiers, Plats et Plateaux en plaqué. *(Sera divisé.)*

MEUBLES ARTISTIQUES ET SIÈGES

188 — Vitrine de salon style Louis XVI, à côtés arrondis en vernis genre Martin, garnie de bronzes, rinceaux et moulures, le haut formant socle avec galerie de bronze doré.

189 — Piano à queue d'ÉRARD en palissandre.

190 — Housse de piano en soierie ancienne brochée et peluche brodée.

191 — Table de salon de style Louis XVI en acajou, à pieds gainés, richement ornée de bronzes dorés, rinceaux et rosaces. Dessus en onyx brun.

192 — Deux Consoles de style Louis XVI, à côtés concaves, en bronze ciselé et doré, les pieds formés de cariatides de femmes reliés par un entrelac, la ceinture à médaillon ovale tète de femme. Dessus de marbre rouge.

193 — Petite Table carrée de même style et de même travail

194 — Table ronde de style Louis XVI, à pieds cambrés, la ceinture et le dessus en marqueterie de bois de couleurs, à damier, rubans et fleurs. Elle est garnie de motifs à mascarons, cornes d'abondance, feuillages et chutes en bronze ciselé et doré. L'entre-jambe supporte une corbeille.

195 — Console d'encoignure style Louis XVI, en acajou, à pieds cannelés, garnie de motifs analogues. Dessus de marbre-brèche.

196 — Petite Table-support carrée, style Louis XVI, en acajou, la ceinture ornée de rinceaux en bronzé, dessus de marbre à galerie.

197 — Table à jouer style Louis XVI, en bois sculpté.

198 — Guéridon style Louis XVI, en acajou, à pieds contournés, orné de guirlandes en bronze doré, dessus en onyx.

199 — Meuble dit Bonheur-du-Jour, surmonté d'une étagère à fond de glace, le bas décoré au vernis Martin ouvre à une porte représentant un sujet pastoral.

200 — Meuble d'entre-deux à deux corps, forme contournée, genre Louis XV, en bois marqueté à fleurs, avec garniture de bronzes à encadrements, chutes cariatides et rosaces.

201 — Écran de style Louis XVI, en bois doré, à guirlandes et couronne de fleurs, feuille en tapisserie moderne : Jeune Femme dans un paysage.

202 — Écran style Louis XVI en bois sculpté et laqué blanc, feuille en tapisserie moderne, sujet pastoral.

203 — Beau Paravent à quatre feuilles, style Régence, en bois doré, le haut garni de glaces, les feuilles en soierie brodée à fleurs.

204 — Paravent à trois feuilles, en bois sculpté, laqué blanc, garni de satin brodé et de glaces.

205 — Écran genre Renaissance en bois noir et or, feuille en tapisserie au point à figure de femme.

206 — Torchère italienne en bois sculpté formée d'un dragon.

207 — Miroir médaillon genre Louis XVI, à fronton, avec bordure dorée et glace.

208 — Ameublement de salon d'un beau modèle style Louis XVI, en bois sculpté et doré, les bras et les devants à contours, le dossier légèrement cintré, ornés de bandes d'enroulement, de fleurs et de feuillages, garnies de soierie brochée de Lyon. Il est composé de deux petits canapés et deux bergères, deux fauteuils, deux chaises légères garnies et deux autres chaises cannées. *(Pourra être divisé.)*

209 — Chaise longue style Louis XVI, en trois parties en bois sculpté laqué blanc, à couronnes et feuillages.

210 — Deux Chaises légères style Louis XVI, en bois laqué blanc, pieds cannelés en spirales, dossiers palmettes ajourées.

211 — Deux petits Fauteuils genre Louis XVI en bois laqué blanc, garnis de soierie rayée à fond jaune.

212 — Marquise d'un beau modèle style Louis XVI, à oreilles en bois doré, à rangs de perles, garnie en satin crème brodé, à guirlandes de fleurs.

213 — Petit Canapé style Louis XVI, en bois sculpté et doré, le devant à ressaut, le dossier surmonté de deux carquois et de guirlandes, garni de canne dorée et de coussins de soie.

214 — Tête-à-Tête genre Louis XVI en bois doré, garni
de canne, avec coussin de velours ciselé.

215 — Siège à dossier bas en bois doré style Louis XVI,
pieds à cannelures en spirales et garni de velours
ciselé.

216 — Un Canapé et deux Fauteuils style Louis XVI,
à dossiers ovales, en bois laqué blanc, garnis de satin
crème à médaillons de fleurs.

217 — Tabouret ovale, style Louis XVI, en bois laqué,
pieds cannelés en spirales et entouré de guirlandes.

218 — Fauteuil de bureau de dame, style Louis XVI, en
bois doré, à crosses de feuillages, faisceaux et rubans,
garni de canne dorée.

219 — Deux Fauteuils style Louis XIII en bois sculpté,
garnis d'imitation de tapisserie à figures à paysage.

220 — Une Chaise longue et cinq Fauteuils confortables,
en satin de Chine brodé de soie sur fonds de nuances
variées.

221 — Vitrine formant étagère sur le côté gauche, en
bois sculpté, de style japonais, surmontée d'une
seconde petite vitrine ovale portée par un dragon.

222 — Étagère d'entre-deux de style chinois en bois
laqué, surmontée d'un dragon.

223 — Étagère de style chinois en bois sculpté, avec
galeries ajourées, la partie inférieure fermant à une
porte.

224 — Meuble à hauteur d'appui, à étagère et deux
portes à coulisses en bois, incrusté de branchages.

225 — Grand Meuble étagère de style chinois, en bois
sculpté, avec plusieurs casiers à porte en bois laqué,
riche décor à figures, oiseaux et arbustes, en nacre,
ivoire et laque.

226 — Petite Étagère en bois incrusté de nacre, avec
galeries ajourées et une petite porte dans le bas.

227 — Meuble étagère de style chinois, à portes grilla-
gées, en bois sculpté, avec incrustations d'oiseaux.

228 — Deux Supports appliques à têtes d'éléphants en
bois noir, genre chinois.

229 — Lit de style chinois en bois sculpté et incrusté,
le chevet décoré d'un dragon, les incrustations en
ivoire teint et en nacre, offrent des branches de fleurs.
Il est surmonté d'un baldaquin de même style, garni
d'étoffe de soie brodée.

230 — Table de nuit forme étagère, de même style et
de même travail.

231 — Toilette richement sculptée, de même style que le
lit, elle est surmontée d'une glace contournée, sou-
tenue par des dragons.

232 — Écran en bois de fer incrusté de burgau, dans
une monture en bois sculpté et ajouré.

233 — Deux petits Supports étagère, de style chinois.

234 — Paravent japonais à trois feuilles en soie brodée
à figures.

235 — Divers Supports de style chinois en bois sculpté.

MEUBLES DIVERS

236 — Chambre à coucher en noyer, Lit, Armoire à glace et Table de nuit.

237 — Table de salle à manger et douze Chaises garnies de cuir.

238 — Bureau ministre en bois noir.

239 — Armoire à glace en bois noir.

240 — Meubles de cabinets de toilette.

241 — Portemanteau avec banquette en noyer à balustres, fond de glace.

241 *bis* — Nombreux Meubles courants.

TAPISSERIES ET TENTURES

242 — Deux Portières en ancienne tapisserie de Felletin, à paysages et bordures de fleurs.

243 — Deux Garnitures de baies en panne rouge, avec lambrequins soutachés.

244 — Quatre Rideaux de fenêtre en satin rouge de Chine, brodés à fleurs, volatiles et oiseaux.

245 — Portière en satin bleu de Chine, brodée, à arbustes et oiseaux.

246 — Quatre Portières en étoffes chinoise et japonaise brodées, figures, animaux et sujets variés, plus un lambrequin en satin de Chine rouge.

247 — Divers morceaux en étoffe et soieries de Chine et
du Japon.

248 — Quatre Garnitures de fenêtres en soie rose bro-
ché, et Rideaux-stores en soie verte, avec lambrequin, plus une Portière.

249 — Rideaux divers en peluche, soierie, tissus de
Karamanie, et imitation de tapisserie.

250 — Grand Tapis de salon en moquette fond blanc à
fleurs et autres Tapis d'appartement.

251-265 — Belle et nombreuse Garde-Robe de femme:
Robes, Costumes, Manteaux en tous genres, garnis
de fourrures et dentelles, le tout en velours, laine,
soie et satin.

266-272 — Fourrures.

273-295 — Important et beau Linge de corps, en partie
brodé.

296-320 — Quantité de Linge de ménage.

321 — Beau Plaqué et composition.

322-350 — Literie, Vaisselle, Verrerie, Meubles et
Ustensiles de cuisine.

351-380 — Vins fins français et étrangers.

www.ingramcontent.com/pod-product-compliance
Ingram Content Group UK Ltd.
Pitfield, Milton Keynes, MK11 3LW, UK
UKHW022342170726
13837UKWH00005BA/2372